This Book Belongs to/Este Libro Le Pertenece a:

_____

Name/Nombre

_____

Age/Edad

Bad Hair Does Not Exist!
¡Pelo Malo No Existe!

Sulma LLC.
Copyrights ©2014 by Sulma Arzu-Brown
Published by Sulma LLC.

ISBN: 978-0-9888240-6-5

Written by / Escrito por Sulma Arzu-Brown
Cover and Illustrations / Portada e Ilustraciones por Isidra Sabio

To order copies / Para ordenar copias:
www.nopelomalo.com

Introduction

This book is a tool of empowerment for all little girls who are Black, Afro-descendent, Afro-Latinas and Garifuna. Raised in a predominately Spanish community in the Bronx, New York, I encountered a series of events in which the term "pelo malo" (meaning bad hair) was used too loosely and irresponsibly t describe the natural (not chemically treated) hair of black girls and girls of Afro-descent without thinking about the damage it inflicts on their self-esteem. When I became a mom, I was passionate about instilling the values of love, beauty, intelligence empowerment and consideration for the feelings of others. I became indignant with the term "pelo malo" because it was contrary to all the values taught at home.

When our caregiver used the coloquial term "pelo malo" to describe my then 3 years old daughter's hair. I was hurt. I respectufully stated that "Bad Hair Does Not Exist" and proceeded with alternative terminology to describe various types of hair. Additionally, I requested we work together to eliminate the term "bad hair" and work as equal partners to elevate the self-esteem o all the children under her care. I am grateful to her for responding in such a positive way.

This exchange, forced me to teach my eldest daughter, Suleni Tisani, ways to describe her hair so that she would learn to stand up for herself, her sister and respectfully educate others in the process. I als made the decision to share these tools with you, dear reader, and all girls like my daughters, so they to would be equipped to educate and protect one another.

Introduccíon

Este libro es una herramienta para el empoderamiento de todas las niñas Negras, Afro-descendientes, Afro-latinas y Garífunas. Criada en una comunidad predominantemente Hispana en el Bronx, Nueva York, encontré una serie de situaciones donde el término "pelo malo" era usado constante e irresponsablemente para describir el pelo natural de las niñas Negras y de descendencia Afro sin pensar en el daño a la autoestima que esas palabras nos causaban.

Cuando me hice madre, trabajé apasionadamente con mis hijas para inculcarles valores de amor, belleza, inteligencia, empoderamiento y consideración hacia los sentimientos de otras personas. Por lo tanto, el término "pelo malo" se volvió indignante para mí porque ahora es utilizado en contra de mis hijas y de los valores que quiero inculcar en ellas. Cuando nuestra proveedora de cuidados infantiles usó el termino coloquial "Pelo Malo" para describir el pelo de mi hija, que en ese momento tenía 3 años, me sentí lastimada. Respetuosamente le dije que "Pelo Malo No Existe" y procedí a darle una terminología alternativa para describir varios tipos de pelo. Además, le pedí que trabajáramos juntas para eliminar el término "Pelo Malo" y para elevar el auto estima de todos los niños que estaban bajo su cuidado. Estoy muy agradecida con ella por responder de una manera positiva.

Este intercambio me forzó a enseñarle a mi hija mayor, Suleni Tisani, maneras de como describir su pelo de manera que ella pudiera defenderse a ella y a hermana menor y respetuosamente educar a otros en el proceso. También tomé la decisión de compartir estas herramientas contigo y con todas las niñas como mis hijas, para que también estén equipadas para educarse y protegerse mutuamente.

Bad Hair
Does Not Exist!

¡Pelo Malo
No Existe!

My hair is curly
Hay pelo crespo

My hair is straight
Hay pelo lacio

We don't have bad hair because
bad hair does not exist!
¡Pero pelo malo, no existe!

My hair is short
Hay pelo corto

My hair is long
Hay pelo largo

We don't have bad hair because
bad hair does not exist!
¡Pero pelo malo, no existe!

My hair is combed
Hay pelo peinado

My hair is tousled
Hay pelo despeinado

We don't have bad hair because
bad hair does not exist!
¡Pero pelo malo, no existe!

My hair is red
Hay pelo rojo

My hair is blonde
Hay pelo rubio

We don't have bad hair because
bad hair does not exist!
¡Pero pelo malo, no existe!

My hair is afro
Hay pelo afro

My hair is mohawk
Hay pelo mohawk

We don't have bad hair because bad hair does not exist!
¡Pero pelo malo, no existe!

There are all types of hair
Hay toda clase de pelo

And all hair is GOOD!
¡Y todo pelo es BUENO!

There are all types of hair
Hay toda clase de pelo

And all hair is GOOD!
¡Y todo pelo es BUENO!

Play with your hair!
¡Juega con tu pelo!
Have fun with your hair!
¡diviértete con tu pelo!
Love your hair!
¡Ama tu Pelo!
Because...
Porque...

BAD HAIR DOES
NOT EXIST!
¡TU PELO ES BUENO!

Fun
Activities!

¡Actividades
Divertidas!

Draw your type of hair
Dibuja tu tipo de pelo

Draw your family members' type of hair
Dibuja el tipo de pelo de tu familia

Draw your friend's type of hair
Dibuja el tipo de pelo de tu amiga

About Us

Quiénes Somos

The Author

Sulma Arzu-Brown is a proud Garifuna Woman born in Honduras, Central America and arrived in New York City at the tender age of 6. Throughout her life her parents instilled thoughts that progressive thinking, education and sound values were the key to success in one's personal and professional life. Holding steadfast to those beliefs, Sulma received her Bachelor of Arts Degree from Lehman College of the City University of New York.

Sulma was privileged to serve as Executive Director of the Garifuna Coalition USA, Inc. A not-for-profit organization in the Bronx whose mission is to serve as an advocate, a resource and a forum for the Garifuna people living in New York City. Currently Sulma is Director of Events for the New York City Hispanic Chamber of Commerce.

Sulma Arzu-Brown is married to her college best friend, Maurice Brown, and is the proud mother of two beautiful girls, Suleni Tisani and Bella Victoria. She instills in her daughters strong values and the importance of recognizing the needle and thread that creates your fabric recognizing your roots and never forgetting your community.

La Autora

Sulma Arzú-Brown es una orgullosa mujer Garífuna nacida en Honduras, Centro América, y llegó a la Ciudad de Nueva York a la tierna edad de 6 años. A través de su vida, sus padres le inculcaron que pensamientos progresistas, educación y valores sólidos son la clave para el éxito de la vida personal y profesional de una persona. Manteniéndose firme en esa creencia, Sulma recibió una licenciatura en medios de comunicación masivos de Herbert Lehman College, City University of New York.

Sulma ha tenido el privilegio de servir como directora ejecutiva de la Coalición Garífuna USA, Inc., que tiene como misión abogar y servir como un recurso y un foro para la comunidad Garífuna viviendo en la Ciudad de Nueva York. Actualmente, Sulma es la directora de eventos de la Cámara de Comercio de los Hispanos de la Ciudad de Nueva York.

Sulma Arzu-Brown está casada con su mejor amigo de la universidad, Maurice Brown, y es la orgullosa madre de dos niñas bellas, Suleni Tisani y Bella-Victoria. Ella inculca en sus hijas valores y la importancia de reconocer la aguja y el hilo que tejen su tela, reconociendo sus raíces y nunca olvidar a sus comunidades.

Dedication

To my GOD, I'm finally who you've always known me to be. I accept! All praise and Glory to you!

This book is for all girls like my daughters, Suleni Tisani and Bella-Victoria (my soul and my spirit); girls who are beautiful, intelligent, savvy, witty and have extraordinary hair. I want you to learn how to define and describe your hair so that you don't identify with the term "bad hair."

To all parents, family members, caregivers and friends who know girls who have Afro ancestry in their hair, I ask that you describe it appropriately so that we may embrace the wonders of their exceptional diversity. Let's work as equal partners to build our girls up by using proper terminology to describe their hair that is directly linked to their essence. To my husband, Maurice "Mho" Brown, I thank you for standing by my side and allowing me to teach our girls to love every aspect of themselves including their hair. Also, thank you for using words like stunning and gorgeous to describe their hairstyles.

To my father, Armando Arzu, for comparing my natural beauty to that of a rose; allowing me to see myself through your eyes. It was a life-changing moment. To my mother, Blanca Arzu, for teaching me the difference between respect and disrespect, a lesson that I've used all my life. To those who can't relate to this book, I invite you to take on this challenge and help me change the lives of OUR girls. To my dear friend, Isidra Sabio, thank you for bringing life to this book and making these girls real to me.

Dedicatoria

A mi Dios, finalmente soy lo que siempre supiste que yo era. Lo acepto. ¡Toda la Alabanza y la Gloria para ti!

Este libro es para todas las niñas como mis hijas, Suleni Tisani y Bella-Victoria (mi alma y mi espíritu); niñas que son bellas, inteligentes, sabias, ingeniosas y que tienen un pelo extraordinario. Quiero que aprendan a definir su pelo para que no lo identifiquen con el término "pelo malo."

A todos los padres, miembros de la familia, los que ofrecen cuidados infantiles y amistades que conocen a una niña que tenga pelo de origen predominantemente Afro, les pido que lo describan propiadamente para que así podamos aceptar lo maravilloso de su excepcional diversidad. Trabajemos como socios iguales para exaltar a nuestras niñas usando la terminología apropiada para describir su pelo que está ligado a su esencia.

A mi esposo, Maurice "Mho" Brown, gracias por estar a mi lado y permitirme enseñarles a nuestras niñas que amen cada aspecto de ellas mismas, incluyendo su pelo. También, gracias por usar palabras como impresionante y hermoso al describir sus peinados. A mi padre, Armando Arzú, por comparar mi belleza natural a la de una rosa; eso me permitió verme a través de sus ojos, fue un momento transformador en mi vida. A mi madre, Blanca Arzú, por enseñarme la diferencia entre el respeto y el irrespeto, esa es una lección que me ha servido toda la vida.

A los que no pueden identificarse con este libro, les invito a que asuman este maravilloso reto en la vida para que juntos cambiemos la vida de nuestras niñas . A mi querida amiga, Isidra Sabio, por darle vida a este libro y crear niñas que son reales para mí.

The Illustrator

Isidra Sabio was born and raised in the Garifuna community of Cristales in Trujillo, Honduras. Isidra holds a Master of Science degree from Louisiana State University. In 2007, Isidra received a "Scientific Contribution" award presented by the President of Honduras. Currently, Isidra works as a Public Health researcher in the United States.

Isidra began drawing and illustrating when she was a little girl, she has several books in print for children and has created a line of greeting cards through her publishing company Afro-Latin Publishing, Inc.

La Ilustradora

Isidra Sabio nació y creció en la comunidad Garífuna de Cristales, en Trujillo, Honduras. Isidra recibió una Maestría en Ciencias de Louisiana State University, USA. En el año 2007, Isidra recibió el premio en la categoría de "Contribución Científica" presentado por el Presidente de Honduras. Actualmente, Isidra trabaja en proyectos de investigación en Salud Pública en los Estados Unidos.

Isidra comenzó a dibujar e ilustrar desde que era niña, ella ha ilustrado y publicado varios libros para niños y tarjetas para toda ocasión a través de su empresa editorial Afro-Latin Publishing, Inc.

Dedication

This book is dedicated to all girls, especially my nieces. You are ALL beautiful, smart and gorgeous human beings!

I also dedicate this book to my family who celebrated my individuality since I was a little girl you and allowed me to be who I am today. I LOVE YOU!

Rudy, thank you for all the smiles.

Dedicatoria

Le dedico este libro a todas la niñas, especialmente a mis sobrinas. TODAS ustedes son bellas, inteligentes y unos seres humanos hermosos!

Le dedico este libro a mi familia, que desde niña celebraron mi individualidad y me permitieron ser quien soy hoy día... los AMO!

Rudy, gracias por tantas sonrisas.

Share the message
Comparta el mensaje

10K BOOKS IN THE HANDS OF 10K GIRLS FOR $10K BACK TO THE COMMUNITY

BAD HAIR DOES NOT EXIST/PELO MALO NO EXISTE!
NEEDS YOUR HELP TO GIVE BACK

Bad Hair Does Not Exist/Pelo Malo No Existe teaches cultural "SolidHerity" through hair. Empowering the youth in our community takes collective action. Embracing differences is a good first step.

HOW CAN YOU HELP
ORDER THE BOOK ON WWW.NOPELOMALO.COM
BUY 1 GIFT 1
AND TELL A FRIEND

THE WHY

Bad Hair Does Not Exist!/Pelo Malo No Existe! Is an ORDAINED body of work. God's purpose for gifting me this book is to Give back to my community

THE PLAN

10,000 books in the hands of 10,000 girls
Once our goal is met, proceeds of $10K will go back to the community.

$5,000 SCHOLARSHIP AWARDS

5 students will receive - $1000 each.

$5,000+ TO GRASSROOT ORGANIZATIONS

SULMA ARZU-BROWN IS A REGISTERED VENDOR FOR THE DEPARTMENT OF EDUCATION.
FOR MORE INFORMATION VISIT WWW.NOPELOMALO.COM

To order copies / Para ordenar copias:
www.nopelomalo.com

SOLIDHERITY BOOK COLLECTION
By Sulma Arzu-Brown

Growing up is never easy. SolidHERity is a collection of books and resources that offers support for important milestones in the life of a girl. The collection will take you from the fundamentals of self-esteem to accepting who you are, appreciating the diversity of the community, friendship, dating & relationships. The books are intended to open up a dialogue about how to grow up with a good head on your shoulders and sound judgment for one another as women. Each book is bilingual to promote a second language and allow us to engage with one another.

Acerca de Solidherity

Crecer nunca es fácil. La vida pasa rápido y a menudo no disponemos del manual de instrucciones adecuado. Solidherity ofrece apoyo durante fases importantes en la vida de una chica. La colección Solidherity te acompañará en momentos fundamentales como la formación de la autoestima y la propia aceptación, y te ayudará con aspectos como las relaciones, las citas y el entendimiento de la comunidad que te rodea. Los libros tienen como objetivo abrir un diálogo acerca de cómo crecer con la cabeza sobre los hombros y con un criterio sólido. Cada libro es bilingüe para promover un segundo idioma y permitirnos interaccionar con otras culturas.

Books/ Libros

Bad Hair Does Not Exist!/ Pelo Malo No Existe!

My Best Friend Likes Boys More Than Me!/ Mi Mejor Amiga Piensa en Chicos Mas Que Yo!

My Hair Comes With Me, Shifting the Paradigm of what success should look like./Mi pelo me acompaña cambiando el paradigma del aspecto del éxito

I didn't Mean to be Jealous of My BFF!/ No pretendía estar celosa de mi mejor amiga

Ladies and Gentlemen, This is a subjective Guide to Dating/Señoras y caballeros, esta es una guía subjetiva para tener citas

My Dolls, My Family and My Friends/ Mis muñecas, mi familia y mis amigos

TO LEARN MORE VISIT
www.solidherity.com

Made in the USA
Las Vegas, NV
29 August 2021